청혼

정이윤 시집

계간문예

| 시인의 말 |

화려했던 시간이 지나갔습니다
갖가지 기억들은 거미줄처럼 남겨있습니다

담쟁이 이파리 같은 붉은 언어들을
쏟아 놓는 날이면
갈망했던 새들의 자유가 그립습니다

막연하게 써놓기만 했던 글
필연처럼 기약하기만 했습니다

갈증은 아직 많이 남아있지만
부끄러운 마음 내려놓습니다

묵묵하게 격려해주신 모든 분께
소중한 마음으로 감사드립니다

2019년 10월에

정이윤

■ 차례

시인의 말 • 4

제1부

너의 등 뒤로 내려앉는 하늘

정맥류 … 13
청혼 … 14
극락강역 … 16
반구대의 꿈 … 18
월척 … 20
산 … 21
소나기 산조 … 22
고장난 에어컨 … 24
일기예보 … 25
권태기 … 26
거울은 아득하다 … 27
단풍 들다 … 28
첫사랑 … 29
같은 마음 … 30
천사의 나팔 … 31

제2부

해 지면 문을 닫고

도시의 낙타 … 35
구인 광고 … 36
지렁이의 삶 … 37
덩굴장미 가지치기 … 38
희망 주유소 … 40
춘희네 집 … 42
맹호부대 아재 … 44
모과나무에 둥지를 만들자 … 46
구로동 가을 … 48
폭탄 세일 … 50
엘리베이터 … 51
냉장고 … 52
휴대폰의 이중성 … 53
빨대 … 54

제3부

안드로메다 사이를 지나

바람이라오 … 59
섬에 갇히다 … 60
너에게로 가는 길에 … 62
과메기 … 64
모과 향기의 법칙 … 65
텃밭 … 66
굴비 … 67
환승역 … 68
습작 … 70
운주사 유물전 … 72
십일월 … 73
매미 … 74

제4부

어머니의 별

엄마의 옷장 … 77
어머니의 별 … 78
행복리 포도원 … 80
강가에 서서 … 82
기억의 문 … 84
겨울새 … 85
그림일기 … 86
등창 … 88
안부 … 89
소금꽃 핀다 … 90
이 가을엔 … 92

제5부

반품할 수 없는 꽃잎

가을산 … 95
모스 부호 … 96
어느 봄날 … 98
봄비 … 100
벚꽃이 하얗게 피었다 … 101
봄꿈 … 102
다른 윤회 … 103
사월 … 104
안개꽃 … 105
버들강아지 … 106
유월 아침 소묘 … 107
백련사에 가 보세요 … 108
연등 … 110
낙화 … 111
구절초 … 112

작품해설 우주적 몽상의 시학과 생명성 _ 허형만 … 114

청혼

제1부

너의 등 뒤로 내려앉는 하늘

정맥류

차가운 돌담 껴안고
오로지 위만 보고 오르기 위해
더듬거리며 매달린 세월
너무 오래 걸어왔나 보다

갈맷빛 싱그럽던 담쟁이넝쿨
종아리부터 대퇴부까지
선명한 핏줄 불거졌다

오르고 오르다 보면
틈새 사이 돋는 잡풀 같은 날이 있고
살 붙은 돌나물같이 탐스러운 날도 있고
실핏줄 터지도록 움켜쥔 날도 있고

그래도 멈출 수 없어
아슬아슬 매달려 가야 한다

터질 듯 부풀어 오른 저 핏줄로 붙들고 있는 세월
올라온 담벼락 아래가 까마득하다

청혼

사막으로 별을 보러 가자
내가 펼쳐 놓은 백지에
우유니 사막 1번지라 쓴 그대

햇살이 화살처럼 내 육신에 꽂히고
그 햇살은 원시에서 원소를 실어와
내 붉은 피로 수박도 경작할 수 있을 거야

슬프도록 아름다운 달빛 속에서
소금꽃에 저린 문자들을 건져내어
외계에 착신을 걸어보자

그때 나는 천창으로 별을 보고파 했고
그대는 UFO를 타고 내게로 왔고
신기루 같은 시어로 우리를 만들고

청혼을 받은 날 바람이 들었다
사막에 가면 그대를
맨가슴으로도 포옹할 수 있으리라
갈증이 풀리지 않는 사랑도 있으리라

저마다 다니는 길이 있다지만
잠시 길 위에서 길을 잃었을 때
나는 오늘도 낙타를 타고
우유니 사막 1번지로 가는
그 모래 산을 넘는다

극락강역

석양이 극락강에 비단을 깔아 놓으면
극락강역은 비단 자락 잡아당겨
흐름과 머무름의 경계를 허물고
열차는 느릿느릿 도착한다

나무에서 낙엽 한 잎 떨어지듯
노인 한 분이 내려
극락강에 발을 담근다
강이 뒤척거리며 꽃등을 켜고
역무원의 거수경례 사이로
별 하나가 또 진다

바람이 등을 밀어
강은 먼 길을 서두르고
바람이 잠시 숨을 죽이는 사이
중심을 잃지 않은
역의 내력을 알려 준다

'어서 오십시오
극락으로 들어가는 강에 오셨습니다
극락강역은
극락으로 가는 길목으로
극락강이 바로 앞에 있습니다
편히 가십시오'

이승과 저승을 넘나들던
강이 잠잠해지고
극락강역은 부고 없이 떠난 사람들의 기억으로
점점 어둠 속으로 빠져든다

반구대의 꿈

유영의 끝은 혜성처럼 길게 이어진다

안드로메다 사이를 지나
우주의 깊은 사막을 향한 긴 여정
뿌리를 찾아가는 행로는
태양을 돌아 지나야만 한다

하늘이 바다를 지그시 누르는 반구대에
수백 마리의 고래가 수직의 바위에 갇혀
밤마다 동지나해와 알래스카를 생각한다

네 발을 포기한 저들
회한의 한숨이 물기둥으로 솟아오른 뒤로
검은 파도와 함께 출렁이다
갇혀 버린 영혼은 암각화로 새겨졌다

영혼과 영혼의 결합을 향해
몇 겁의 광년을 지나서
오직 한 줄로 달려오는 혜성 하나
칠십육 년의 기다림이어도 좋다

일만 팔천 년 후에라도 좋다

꼬리 길게 뿌리며 빠져나간 영혼의 회귀
푸른 지느러미 파닥거리는 물빛으로
오로라 핀 그곳으로 향한 힘찬 몸짓

반구대는 오늘도
강물을 바다로 흘러보내며
강심에 잠겨 흘러가지 않는 별들의 꿈을
들여다보고 있다

월척

언제부턴가 남편은
불 같은 성질을 죽인다며
낚싯대를 들었습니다

그거 괜찮겠다
급한 성질엔 취미로
안성맞춤이다 싶었습니다

보고 듣고 싶지 않은 세상사
외면하고 낚싯대만 드리우더니
물고기는 아니 잡고
마음 비우는 법만 배워 왔습니다

이제껏 내가 본
가장 큰 월척을
낚아 왔습니다

산

산에는 왜 자꾸
가느냐고 그가 묻습니다
산을 좋아해서
산에 오른다고 해 놓고
가만히 생각해 보니
그건 답이 아니었습니다

한 번 오르고 내려올 때마다
바위틈에 마음 한 조각 숨겨 놓고
다시 그 마음 한 조각
찾으려고 오르는 걸

오늘도 산모퉁이 틈새
숨겨 놓았던 또 다른 마음 조각
변명처럼 찾기 위해
시지프스처럼 산으로 갑니다

소나기 산조

바람이 잠시 손사래를 친다
아직은 때가 아니다
거슬림 없는 고요함으로
세상을 움켜쥐었다 펼치자
깊은 울림의 진양조장단
천천히 저 위로 올라가야 한다

구름은
바람 따라 다가오는 중이었다
중생의 살갗을 스치며
피부 깊숙이 스며들어
영혼의 소리를 집어넣은 중모리장단
씻김굿이라도 시작해야 한다

뜬쇠가 드디어 나선다
엇박자를 밀고 당기면
천둥과 번개가 치고
하늘 찢어지는 휘몰아치는 휘모리장단
격렬한 울음소리 숨 가쁘게 들린다

나는 온몸이 흠씬 젖어
도랑물 시냇물 강물 세차게 흐르는 소리로
노래하리라
목이 메이도록 성대 결절이 오도록
너를 노래하리라

고장난 에어컨

뜨거운 나날을 밀쳐 내던 내 육신에 맥이 짚이지 않는다

고장난 에어컨 온도 섭씨 28도
고열이다
나사를 풀고 더듬는 진맥이
심각한 진폐증에
거름막도 냉각 장치도 불량 판정이다
마냥 마셔댄 폭음의 시간을 구멍마다 끌어안은 채
그을음 같은 불만을 토해 내며
내 몸이 반란을 모의한 것이다
불량한 틀을 완전히 분해해서
먼지 쌓인 과거를 털어 낸 후에야
물 오르는 내 낡은 사랑은 다시 살아난다

더위의 단서들이 쏟아지는 폐경기이다

일기예보

허리가 구부러지고 아파
리도카인 주사를 맞았다

햇볕 상쾌한 날이 끝나고
생각은 안개로 자욱하다

능소화 활짝 피면
뒤따라온다는 장마전선

고온 다습한 북태평양 기단이
오호츠크 해 기단 만나 능소화 따라온 뒤

비가 오락가락하는 오후
아무래도 기압골이 내 허리로 내려와

서울에서도 구로동 우리 집에
집중 호우 일기예보는 없었지만

천둥 벼락 내리치며 낡은 사랑이
한동안 떠나지 않을 것 같은 느낌이다

권태기

빈 소주병에
소금을 눌러 담습니다

예전 그 어느 시절엔
참깨로 채웠습니다

괜한 세상 탓만 하다
남편은 자주 집을 비우고

자꾸자꾸
소주병은 비워 가고

남겨진 허전함은
그 빈 병에 채워 가고

깨 쏟아지던 시절
생각날지는 모릅니다

그렇게 우리 부부는
저물어 가고 있는 중입니다

거울은 아득하다

너의 등 뒤로 내려앉은 하늘
가만히 바라보니 아득하다
하늘은 허공으로 꽉 차 있고
산 능선과 하늘 처마가 서로 맞물려
한 치의 어긋남이 없다

너의 등 뒤로 흘러간 그 많은 날
나이테만큼이나 겹쳐진 세월이
겹겹이 감추어져 있다
천둥 번개로 몸을 흔들기도 했지만
촘촘한 허공 바라보니 그 또한 아득하다

마주 보는 네가 있어서
바라보는 내가 그런가 싶은데
한 해 한 해 너를 바라보며
닮아 가는 무늬를 하나둘 지워 보는 것
너를 바라보듯
하늘을 바라보는 모두가 참 아득하다

단풍 들다

봄
시위를 떠난 화살나무

여름
몇 개의 심장을 뚫고 나갔는지

가을
핏빛으로 붉다

심장 한쪽이라도
관통하지 않은 사람
저 빛깔을 가질 수 없으리

첫사랑

사과를 먹으려고
쓱쓱 닦다가

문득 수염이 성근 그 사내 생각나
한 입 깨물었더니

핑 돌던
첫 키스 같은 맛

맛이 어떠냐고 묻는 남편 말에
가슴이 덜컹 내려앉는다

같은 마음

첫눈이 내린 날
김치부침개 두어 장
들고 간 경비실
시끌시끌거린 세상 걱정인데
마누라 잔소리 늘었다며 푸념이다
나도 남편 때문에 못 살겠다
같이 푸념하다 돌아와
아파트 정원 내다보는데
흰 눈 속을 달구는 바알간 열매
눈의 무게로 가지 휘어져
경비실 아저씨 작은 키로
한결 수월히 따고 있다
눈 맞으면 좋다는
남자에게 딱 좋다는 저것
아차 한 발 늦었네
김치부침개 하지 말고
내가 먼저 딸 걸

천사의 나팔

그대 멀리서 행여 듣는가
바람에 고개 숙인 해거름
*크리스 보티의 트럼펫
홀로 저무는 쓸쓸한 소리를

겨드랑이 가렵던 꽃씨
지나치던 계절에 잡혀
산자락 비스듬 깊숙이 숨어
감옥 하나 캄캄한 몸이 되었다

징역살이 천사의 애달픔
금속성 슬픔도 불안하다
그저 밑동으로만 기어가는
지상으로 불 수 없는 저 소리

* Chris botti - 트럼펫 연주자

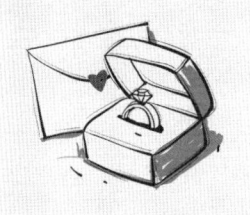

제2부

해 지면 문을 닫고

도시의 낙타

해 질 무렵
폐지 모은 손수레 끌며
모래 언덕 올라가는 허리 굽은 낙타
도시의 사막에서
목마름 참으며
몰아치는 날들이
사구의 미로 헤집고 다녀야
지평선 끝 노을 가슴에 물들이는 것
낙타의 굽은 등에 노을 싣고
끝 모를 사막을 횡단하는데
바람 끝 마디마디 힘이 부치는지
자꾸만 타는 입술 숨이 가쁘다

어두워지면
그나마 평온이 깃들인다

구인광고

잃어버린 꿈을 찾아서
꿈을 꾸게 해 주는 별을 지켜 줄
한 사람을 찾습니다
소행성 B612호인 이 별은
빈 의자에 앉아 해지는 광경을
언제든 볼 수 있습니다
그저 장미꽃 한 송이 시들지 않게
물을 주는 일 이외엔
저물녘 바오바브나무 아래 있는 모자를
건드리지만 않으면 됩니다
동화가 없는 이에게는 결코 찾아볼 수 없는
모자의 숨은 그림 찾기에 도전할 기회를 드리니
모자의 겉과 속을 들여다볼 수 있기 바랍니다
서로가 서로에게 무심한 대신
아무것도 없는 것 같지만
따뜻한 꿈이 소통되는
빛나는 소행성의 주인이 되어
낙타를 타고 떠나지 않아도
가슴에 빛나는 별 하나 심어 주는 일에
꼭 도전해 보시기 바랍니다

지렁이의 삶

땡볕 부신 시장 바닥
잡다한 것들 손수레에 얹고
몸뚱이 하나 기어간다

모기작모기작 목숨 하나
배밀이해 가는
복날의 한낮이 지루하다

어물전 앞
뿌려 대는 물
타들어 가는 지열

가진 것 없이 피만 뜨거운 것은
견디기 힘든 일이다
살아 있음이 죄가 되기도 하지

낡고 해진 마음 한 벌
온몸으로
열반의 길 가고 있다

덩굴장미 가지치기

담을 넘어 옆집으로 간
덩굴장미 굵은 가지를 자른다

의미를 두고 담을 쌓진 않았어도
좌·우 생각도 없이 덩굴장미 피었다

색깔 때문에 죽고 죽이는 상처가 아닌
덩굴장미가 덩굴장미 빛으로 피었다

온다 간다 말없이 산으로 가 버린
옆집 사내 빈자리에도
겨울 지나고 두 송이 꽃
그렁그렁 피었다

담장에 기댄 채
동족상잔의 아픔을 어루만지는지
해가 지면 문을 닫고
날이 밝자 문을 열고

잘린 가지 주섬주섬 밖으로 내놓으며
알 수 없는 깊이의 비릿한 통증을 외면한다

덩굴장미 빨갛게 피면서 얼마나 아팠을까
이젠 예쁘다고만 해야겠다
꽃 중의 꽃은 너라고 해야겠다

희망 주유소

봄꽃이 피려는지
개나리 담장에 바람이 걸터앉는다
털모자로는 봄을 거부 못 할 거야
빨간 차 졸랑졸랑 들어와
'가득 채워 주세요'
주유기를 쑥 집어넣으면서 생각한다
언제 한 번 가득 채워 본 적 있었던가
미터기가 내려앉도록 북쪽까지 달려 본 적 있었던가
기름 한 방울 나지 않는 나라지만
가득 넣은 차를 몰고
세배드리는 꿈만 꾼 지 50년
휘발하는 것은 기름만이 아니다
갈라진 너와 나의 언약도
반타작 기름 냄새가 난다
백지처럼 날아간 시간
기름때로 남은 미련들이
뽀얗게 먼지 앉은 채로 끈적거리는 오후
철조망 넘던 바람이 되돌아오더니
회오리바람처럼 빙빙 돈다

탱탱하게 채운 자동차 주유소를 휭 빠져나가고
멀리 빈 하늘 너머
햇살이 하얗게 줄을 긋는다

춘희네 집

우리 동네 뒷골목엔 구미호가 살아요
가로등이 게슴츠레 눈 뜨면
연분홍 웃음 뒤에 꼬리를 감추고
허리를 길게 늘여
기지개를 켜며 아홉 개나 되는
꼬리를 흔들지요

우리집 동백꽃이 골목을 내다보다가
툭 떨어져 아예 골목에 나앉으면
구미호는 얼른 그 꽃을 주워
머리에 꽂지요

긴 골목길 뒤쪽에 구미호가 살아
단발머리 소녀만 데려다 간을 빼고
동백꽃 나무 밑에 묻는다고
우리 할머니 내 울음을 그치게 했지요
밤마다 동백꽃 떨어지는 소리는
구미호 울음소리처럼 무서웠지요

허기진 큰 소리가
속 빈 무 같은 시간 속으로 흘러가고
단발머리 소녀도
동네 뒷골목으로 사라지고
구미호네 집 드나들던
사내들은 어디서 지친 몸을 쉬고 있을까요
간을 몇 개쯤 먹어야 구미호는 인간이 될까요

동백꽃 앞세우고 봄이 오더니만
민들레 꽃씨 따라 봄날이 훨훨 가네요

맹호부대 아재

우리는 몰랐다
맹호부대 그 아재가
정글 속 맹수였다는 걸

고향으로 돌아와
밤마다 꾸는 꿈
찌르고 밟고 목을 벤 전쟁이
그의 숨통을 누르고 밤이 길었다

붉게 뭉클대는 시간이
고삐를 틀어쥐고
독도법 읽어 내는 본능만 살아
미나리꽝 질척대는 논밭을 더듬고
판로를 위해
세상의 정글 속을 헤매고 다녔다
고엽제보다 무서운 자연과 세상의 진리를
이길 수는 없었다

뒷방 구석에서
농약병이 뒹굴어 버린 날

아제는 비로소
정글 속에서 빠져나왔다
양어깨 누르던 훈장도 떼내 멀리 던져 버렸다

맹호부대 그 아재
무거운 짐을 내려놓은 날
미나리꽝에는 깨알 같은 흰 꽃만
바람 따라 피어나고 있었다

모과나무에 둥지를 만들자

그 남자
반도건설 하청업체 일용직 근로자
오십이 코앞인 노총각 김 씨
결혼해서 알콩달콩
둥지 지어 보는 게 소원인데
데이트 한 번 해본 적이 없다

누구나 책임져야 하는 얼굴이 있듯이
자연산이거나
농약을 쳤거나
모과만큼이나 큰 얼굴에
현장에서 망치질로 다져진 투박함이
만나는 사람마다 소개를 부탁하지만
섬에서도
도시에서도
베트남에서도
필리핀에서도 대답이 없다

진국일수록
향기가 진할수록

빨리 먹어치우는 여자들도
투박하고 울퉁불퉁한 푸른 모과는
건드리지 않는다

즉석에서 제조되는 향기가 수두룩한 세상
익은 모과를 우려내기엔 시간이 필요하다
그 남자의 둥지를 튼 나무에
모과는 주렁주렁 열리는데
짹짹거리는 자식 소리를
김 씨는 언제나 들을 수 있을까

구로동 가을

햇빛 몇 점 머물다 가는
시장 한 모서리
좌판 벌여 놓은
늙수그레한 아낙은
오후 세시 늦은 점심이다

푸성귀 너불대는 밥
고추장 쓱쓱 비벼
맛일랑 잃은 지 오래 건만
허기진 입 안에서 정신없다

펼쳐 놓은 비닐봉지엔
가지런히 누운 비름나물
한낮 지나온 상치 쑥갓이
무심한 가을 눈들에 시든다

식은 밥덩이 한 양푼은
허기와 좀체 좁혀지지 않아
아낙의 수저가 양푼 속에서 허둥대고

동동거리며 돌아서는
내 빈 위장과
근질거리는 삶의 공복을
눈 마주친 저 순가락이
자꾸만 긁고 있다

폭탄 세일

상자마다 폭탄을 쌓아 놓고
스피커 소리가 요란하다
단 하루뿐이라는 격발 소리에
재래시장 귀퉁이가 술렁댄다
유리문 밖에서 바라만 보다
와르르 무너져 내리는 값에
사금을 캐듯이
수색 작업이 한창이다
궁색하기 이를 데 없는 삶
모처럼 꽃무늬 옷 한 벌의 행운이
반전의 꿈까지 덤핑이다

살아간다는 것
이렇게라도 가끔
즐거운 폭탄이 쾅쾅
터졌으면 좋겠다

엘리베이터

그곳엔 목마른 숙주가 있다
머리에서 발끝 마디 사이로
서서히 침투하는 야심 찬 미소
무뎌지는 빛을 뒤로한 채
삶을 향한 힘찬 유영
끝도 없는 싱크롤
세포와 세포 사이에서
만나는 굵은 에너지
새로운 탄생에 수직으로 상승하고
숨결이 바람 되어 사라지는 수직하강
너와 나 가교를 만들어 주는
미토콘드리아

냉장고

사막의 오아시스
돌개바람 소리로만 눈을 뜬다

어찌 보면 무뚝뚝한 남편
어찌 보면 알뜰한 부인

세월이 가면
마음은 비우지만

비워지지 않는 거대한
아라비아 왕국

휴대폰의 이중성

여보세요 그리운 이
너를 확인할 수 있어 참 좋다

여보세요 부끄러운 나를
확인해서 참 불편하다

존재감이 없던 시절처럼
불편한 게 뭐 있었더냐

생각하는 척 확인하는
조급증만 더 생긴 걸

빨대

마취 화살 총구가 열리고
우리 속 사슴은 한사코 산속으로 달려본다
쇳소리 울음 목줄 세우고
바르르 슬픈 눈을 껌벅이며
몸뚱이가 짚풀처럼 넘어진다

뜨겁게 버둥대는 목덜미에
무장한 폭력을 양손에 들고
서둘러 빨대를 꽂는다
거친 사자의 발톱 같은 빨대 입구에
사슴의 붉은 두려움이 모여든다

오늘도 어딘가로 열려있는
우리의 숱한 죽음도
비겁한 빨대에 빨려서
어느 불순한 강자의 목구멍으로 흘러들고
기름진 창고를 넘치게 할 것이다

날마다 새 죽음이 생성되는
오늘도 두려운 우리에 갇힌 사슴

질펀하게 땡볕에 누워서
뜨거운 피 수혈하고 있는
저 슬프디 슬픈 불꽃의 한낮

고상한 음악이 흐르는 카페에서도
빨대들이 한 줌씩 모여 우리를 기다리고 있다

제3부

안드로메다 사이를 지나

바람이라오

틈만 나면 내 창문 밑
말없이 서성이고

소리 죽여 풀꽃이
여리게 손짓하는

큰 나뭇잎 간지러워
큰 소리로 자지러지는

해질녘 풀피리 소리에
사위는 마음

흔들리어 눈 감아 버리지만
그대 누구인가 알 수 있어라

섬에 갇히다

포구에 서서
물보라에 핀
무지개를 만났다

출어하지 못한 어부는 바다 대신
독한 소주잔 속에서 멀미한다

수평선 같은 한 행의 절창을
꿈꾸던 며칠이 조각나 찢어지고
구겨진 원고지처럼
내 한 시절이 파르르 떨어져 내린다

이틀 만에 육지가 그리운 고립
나는 나대로
어부는 어부대로
바다를 안주처럼 씹어댔다

섬을 동경하며 세월을 죽인
도시에서 내 자리도
무인도에서는 마찬가지였다

통제선이 무너진 바다를
술잔에 붓는 어부의 마음도 갇혀 있는 섬이다

너에게로 가는 길에

내가 가고자 하는 길 너를 향하고
나의 귀 모두 너에게만 열려 있는데
너에게로 가는 길은
대륙횡단 먼 길
돌아야 하는 열차처럼
깊이 목마르고 고단한 길
시도 때도 없이
머릿속 헤집던 언어들
한약처럼 졸아만 간다

치열한 떨림으로 나를 부수고
조심스레 좁혀 가야 하는 거리
너를 찾아 나선 이 길이
다시금 상처가 된다 해도
피안을 향해 날아갈 터

잠시 서 있는 정류장에
어느 행선지를 찾아 떠나야 할지
숨이 차는 길 위에 홀로 앉으니

태풍 뒤의 적요 같은
평온히 서서히 밀려온다

너에게로 가는 길에

과메기

무슨 죄목으로
내 나날이 줄줄이 포박 당해
울창에 걸린 채
설한풍에 얼부풀고 있는가

산다는 것이 무엇인가
행여 의문이 나서
허공 고행을 하는지
비수 같은 햇살에
등이 휘고 바랬구나

한때는
물살을 가르며
자유의 푸른 깃을 세우던 나

갯바람 맞으며
날이 갈수록 야위어 가는
나는 누구인가
풀리지 않는 화두로
점점 물음표로 굳어 가네

모과 향기의 법칙

아무래도
너에게 이르는 길은 이 길뿐이네

지상으로의 아찔한 낙하
느긋한 노란 상처에서
세포 하나하나가 열리며 나는 향기
먼 곳의 종 울림으로 그윽해지니
시심의 꽃봉오리로 맺히면
음미해 보시라
지독한 언어가 문장이 되고
문장은 죽음을 껴안고 시로 피어나는지

시인이여
너에게 이르는 길은 이 길뿐이네

텃밭

봄비
내리고 난 뒤

깊이
잠자는 내 안에

시어 하나
파종해야겠다

굴비

그대
곰삭은 침묵
누굴 위한 것인지

순한 눈망울 속
맺힌 꿈
알알이 엮어

쌀쌀한
바닷바람에
해탈을 꿈꾸니

뎅그렇게
남은 혼
참선을 나서는가

환승역

일몰을 보고 싶다던 새는
서쪽으로 날아가고
새가 앉았던 자리에
한 잎 낙엽은
구로역으로 뚝 떨어졌다

이정표 없는 역사에서
등을 보인 그때처럼
인천발 전동차가 환승역에 멈추면
낙엽도
젖은 가슴으로 두리번거린다

헤어짐이란 어디서든 똑같겠지만
지는 해가 보이는 역에서는 더 쓸쓸하다

가야 할 곳이 어딘지를
모르는 것이 아닌
갈아타야 하는 전환점이 분명한
해가 사라지는 그곳
어쩌면 바람도 지나가야 할 곳이다

이제 모두 제 갈 곳으로 가고
쓸쓸한 시간만 어둠에 묻히는
바람마저 그렇게 서성였을
희미한 구로동 환승역에
빛을 잃은 해가
파르르 몸서리치다 떨어져 내린다

습작

화선지 펼쳐 놓고
조용히 눈을 감으면
바람처럼 머무는 한 가닥 선율

먹물 번짐의
빛깔조차 다정하여
한 획 그어 등걸 쳐올리고

적당히 자리한 산과
계곡 따라 폭포 내리치어
조그마한 암자마저
제자리를 찾고 보니

그 암자 옆 소나무에
둥지 튼 황새 한 쌍
사랑의 날갯짓

차향에 머무는 내 마음과
황새 울음소리는 그릴 수 없나니

그래서 내가 그리는 그림은
항상 습작일 수밖에

운주사 유물전

온 곳을 아시는가
갈 곳을 아시는가

해골 바리때 찻잔 대신
여기는 열반 몇 번지인가

빛과 바람의 목탁 소리
석조 불감 안으로 스미는 마음

도선 국사 그림자 발을 힘껏 밟자
누웠던 와불님 벌떡 일어나 앉는다

온 곳도 모르고
갈 곳도 묻지 않을 허공 자락
바리때와 찻잔에 담겨 시공을 넘나든다

천불 천탑 속에 함께 서 있으면
해탈한 미소 따라서 지을 수 있을는지

십일월

십일월은
텅 빈 대지를
보게 하는 가을 끝

굵은
바리톤 음률로
내려앉은 시어들

충만 속에선
느낄 수 없던
빈 것의 정갈함

그곳엔
내면의 진실함이
살아 있는 존재의 집

매미

새벽 찬 공기로 죽비를 치며
자박자박 도량석 돌고 나서
종소리 덩덩 바람 깨우고
공중을 나는 목어 지느러미 어루만진다

붉은 햇덩이 덥석 물고
염불 소리로 광목 적삼 바르르 떨며
버석거리는 마음 한 움큼
무심되어 속세로 내려 보낸다

옴 마니 반메 훔

하안거에 들어서도 묵언 수행 못하고
목탁 소리보다 더 커지는 불경 소리
적멸을 꿈꾸는가 그대여
언제쯤 성불하시겠는가

제4부

어머니의 별

엄마의 옷장

폭우도 폭염도 견뎌 낸 가르마가 빛나던
검은 비로드 같은 머릿결의 그 시절
지지미 천에 푸른 나무숲
엄마의 연 남빛 유통 치마폭은
녹음으로 빛이 났다
모시 저고리처럼 엷은 시절은
갈매빛 숲을 이루고
옥양목 치마가 펼쳐진 구름 사이로
낮달의 피부를 가진 배롱나무가 수놓아진 뒤
그만 닫힌 세월은 이제
숲으로 갈 수 없지만
그러나 가고 싶은 그 시절
자줏빛 공단에 가지색 자미사를 두른
엄마의 멈춰 버린 푸른 세월을
가을 너머에서 바라보기만 할 뿐
옷장 속에서 조용히 웃고 있다

어머니의 별

그해 오빠가 바다로 떠나고 난 뒤
어머니는 날마다 꽃을 심었다
쩍쩍 갈라진 흰 고무신에서
여름이 분말로 증발해 버렸지만
풀리지 않는 실타래 끝을 찾아가듯
꽃모종을 품에 안고 바닷가를 찾아다녔다
피었다 지는 꽃잎도 안쓰럽고 미안해서
어머니는 상처 위에 매화 한 그루 더 심으셨다

뜰 앞 매화가 꺾인 가지에 걸터앉는 날
꽃잎은 별같이 총총 피었지만
어머니 생채기보다 더 깊은 통증은
어느 별에도 없었다
무릎에 옹이가 박힌 줄도 모르고
아픈 돌밭도 피붙이처럼 끌어안으면
그리움의 비단길이 되는 걸까

어머니의 가슴 여기저기 돋아난 별들을
체중처럼 매달고
그 길 끝엔 오빠도

별이 되어 있을 거라고
아흔 살 숨찬 고개를
저승처럼 가뿐가뿐 넘어가고 계신다

행복리 포도원

이제는 기력이 다했단다
노모는 먼 길 온 딸을 위해 포도를 따 주며
맛있게 먹는 모습을 보면
행복하다고 하신다

면류관 교회 옆에 사는 노모는
행복리 포도원 주인이다

산을 넘어 그 포도원에 가면
다가서기도 하고
다가오기도 하던
원근이 무너진 풍경 속에서

어쩌면 포도를 키우는 일이
마지막일지도 모를 어머니의 여름

행복리 포도가 주저리주저리 열리면
나는 당도 높은 시를 주렁주렁 맺혀 보리라

어머니의 맑은 눈물과 땀과 지난날과
면류관 교회 종소리가 알알이 들어찬 시를

강가에 서서

강가에
하얀 모시 홑청을 빨아 너셨군요
바람이 출렁일 때마다
마른 강이 구겨졌다 펴지는 소리

외롭고 기나긴 밤
눈물 젖은 모시 이불
돌돌 감고 뒤척이던 그 강물을
가을 햇살에 말리는가요

서리 내린 세월 속에서
은빛 가을볕에
말린다고 다 마를까마는

갈바람에 속살 텅 빈
어린 나 등에 업고 어머니
신세 한탄 같은 육자배기는
모시 홑청 펄럭이는 소리보다 더 메말랐었지요

흐리고 바람 부는 날
상처 하나쯤 간직한 사람은
그렇게 서로 바싹 마른 몸 비비며
가슴으로 가슴으로 울겠지요

기억의 문

내시경을 따라서
비치는 머릿속이 진주처럼 아름답다

조명을 받아 자존심이 하얗게 빛나고
마음속에서는 찾을 수 없던 기억이
알알이 박혀 있다

치욕스럽던 날을 기억하기 싫어서인지
잊고 싶던 마음마저 잊어버린 것인지
기억의 돌문을 굳게 굳게 닫아 버린 것인지

한평생 두 주먹 불끈 쥔
서늘한 오기는 찾을 수 없다

순전한 웃음이 떠나지 않은
자기만의 세상에 담을 쌓은 담석들

제거할 수 없는 저 치매석들
머릿속 하얀 고통이었구나

겨울새

탱자나무 울타리 넘어
겨울새 날아와 원을 그린다
헐리고 없어진 옛 집터에
웅크려 초가지붕 처마를 찾고
써레질로 여름을 심던
논배미를 종일 돌면서
그렁그렁거렸던 저 새는
필시 돌아가신 아버지일 거야
칠십 평생 세월 속에 갇혀
쓰다듬던 저 논밭은
신작로가 되고 남의 논이 되어
차마 가던 길 못 잊어 되돌아와
잘려 나간 아버지 폐허에
그렇게
허벅허벅 부서져 버리나 보다

그림일기

탱자나무 울타리 안
마당에 멍석을 깔면
별들은 소나비인 양
쏟아져 내리고

큰 강으로 가는 개울물 소리
바람에 기우뚱 누운 산
아득한 꿈속에 놓아 보는
여름밤은
낮은 훌쩍임 같은 것들

할머니 부채질 따라
모깃불 연기 타고
시나브로 담장을 넘던
그 시간 변두리에서 만났던
바람 한 점마저 기억해 보는 밤

눈 감고 시간을 거슬러 가다 보면
깜박거림마저

사는 걱정 다 접어 두라는 암시
지난날 날개 너울거리며
별빛을 그린다

등창

놀놀하게 구우라는 주문을 아는지
몸이 수시로 뒤집히는 갈매기살

서툰 솜씨에 살이 타들어 가는
등창이 난 아버지 아픔이 온다

골목길 접어드는 샛바람
귀신같이 문틈을 비집고 얼굴을 민다

수십 번 생각이 깜박거리더니
바싹 타 버린 아버지의 기억

놀놀하게 구워진 삼겹살을 좋아하시던
모습은 이제 보이지 않고

코를 막았던 등창 냄새로
까만 아버지 가슴만 보인다

안부

담장을 끼고 돌아서던 그날
하늘에 푸른빛 먹먹히 사라지고
얇은 사 구름 빛으로 막혀 버린 마음아

우리 작별을 나누었던 그때도
검은 종이 한 장 구름에 끼어서
적요의 빛이 사라져 그만 울고 말았지

내일의 일기예보 맑음이 사라지고
저문 하늘빛이 다시 강을 건너와
그때 그 어두운 창을 비추리라 했었지

언덕에 앉기에는 못 자란 숲인데
강 건너 그 마을에 자작나무 무성한지
묻기엔 은하의 거리 더 멀기만 하여라

소금꽃 핀다

제1 증발 지인 '난치' 에
반짝거리는 결정지 바닥을
찢어진 솜털 같은 구름이
지나가는 중이었다
염부의 눈가엔 몸을 말리는
바닷물에 새로운 힘을 보탠다

한여름이 되어야만
캘 수 있는 꽃송이
염부의 갈라진 소금 장화 틈으로
꿈이 결정체로 들어오고 있다
지열에 아롱대는 그 너머에
가족에게 안겨 줄 꽃이 피어나고 있었다
해는 벌써 한 뼘이나 솟아올라 빛을 내고 있다

낮은 곳의 물을 자아올리는 무자위질
대파의 손잡이를 고쳐 잡기를 하루에도 몇 번
해주의 슬레이트가로 이어지는 레일
외발 수레를 끌며 서울에서 꿈을 캐는
자식만 생각했다

염부 자신은 바닷물로 창조를 한다고 생각했다
소금은 그에게 살아있는 자체였다

흰 배롱나무가 꽃을 피우는 때
바닷물이 햇볕에 몸을 바꿔
육각 결정체로 꽃을 피웠다
다이아몬드처럼 희고 맑게
자신의 내적 권위로 몸을 불리는 소금꽃
염부인 아버지의 대파 끝에 닿아
반짝반짝 피어나고 있었다

이 가을엔

가을엔
구절초 서러운 꽃잎
사각사각 그대 가슴에 내리는
몸살 앓아도 좋으리

갈망도 설움도 없는
그저 결 고운 마음 한 잎
사랑처럼 바람처럼
그대 가슴 어르다
저물어도 좋으리

저 들에 가을 오듯이
저 산에 단풍 붉듯이

한껏 부푼 석양
가슴에 기대어 서서
그렇게 나란히 얼크러져
가을 내내 물들어도 좋으리

제5부

반품할 수 없는 꽃잎

가을산

울컥
눈물이 날 때는
얼굴이 붉어진다

저기
가을 산을 보아라

뚝뚝 떨어지는
가을 잎 온몸이

내 마음같이
붉어져 있지 않으냐

모스 부호

번쩍이는 불빛 같은
신호를 보내왔습니다

짧은 파장과 발신 전류를
혼합하여 자꾸만 보내옵니다

저 깊은 땅 속에 갇혀 있어
빠져나오지 못하는 생명에
침묵이 봉분만큼 쌓인 언어를
손가락 끝으로 튕겨 보내옵니다

쓰 쓰륵 쓰 쓰 똔

백매는 기웃거리며
언어를 캐고
나이 많은 가지는 몸을 틀고
생명의 부호를 수신했습니다

새로운 언어도 살고 싶다고
쑥쑥 고개를 내밀며 숨을 쉬었습니다

가는 뿌리가 끊어지지 않도록
얇은 바람 구부려 죽 주룩 찍어 내렸습니다

어느 봄날

옷장 속 뒤집어
날개 바꾸며
거울 속으로 들락거릴 때

수상한 느낌
누가 날 훔쳐보고 있어

커튼 뒤에 숨어
살며시 베란다 밖을 보다
면사포 쓴 목련과
눈이 마주쳤다

나를 훔쳐보던 음침한 저 목련
목련과 나 사이로 바람이 분다

서로를 감추어도
알싸한 살 내음에 몽롱해진다

훔쳐보던 바람도 목련도
핑계일 뿐

제멋에 바람 들기 좋은 계절
봄바람이라도 나고 싶은 게지

봄비

봄 찾아온 보슬비
매화나무 사이를 기웃거리더니
시력이 나쁜지 돋보기 들이대며
나무 사이사이로 돌아다닌다

봉분만큼 쌓인 침묵 속에서 웃음소리를 찾아
부드럽게 손가락 끝으로 문지른다
나이 많은 가지는 간지러운지 몸을 틀고
어린 가지는 여린 생각에 금방 멍이 든다

가지에 걸어 놓은 생명의 음표들이
신이 난 노래가 박자도 없이 흔들린다
이젠 급행 열차 속도로 꽃 몸살 앓고
묵정밭에 꽃 바람들 일만 남았나 보다

벚꽃이 하얗게 피었다

노인과 바다를 읽던 날에도
빈 배로 돌아오던 어부의 마음을 몰랐다

고타마 싯달타를 읽고도
인생을 알 리는 더욱 없었다

벚꽃이 마당에 하얗던 술 익어 가는 날
벚꽃을 밟아야만 돌아올 수 있었던 그 길에서

뼈저리게 참담한 심정을 알았다
내 청춘의 꽃잎도 지고 있다는 것을

취한들 취해 우르르 피고 진 것이 아닌데
한 번 지고 말면 그뿐
그 길에 돌아갈 수 없다는 것이

벚꽃이 가슴에 하얗게 피었다

봄꿈

지나가는 바람이
가슴 저 밑에 있다
그 많던 겨울은 어디로 갔을까
호수를 덮던 얼음과 바람

공원 스피커를 통해
먼지 앉은 벤치로 쏟아지는 음악이
벚나무 정수리에 쌓인다

거친 침묵만 만지작거리던 연분홍 립스틱
어디에서 벚꽃처럼 또 피어날지

스쳐 가는 바람이 꽃처럼 핀다
꽃처럼 지기 위해 꿈을 꾼다

다른 윤회

동굴 속 깊은 곳에
묵언 수행 중이더니

쫑긋거리며
불심으로 키가 자라나

예불 소리
법고 소리
솔바람 소리

비구니 맑은 모습을
닮아 가는 콩나물

중생들 보시를 위해
몸 만들고 있었나 보다

사월

이른 아침
누군가 올 것 같아

살짝 문 열어 두니
긴급 택배랍니다

향기 어린 꽃잎
반품할 수 없어요

2월부터 서성거린 저 기척
이제야 알겠네요

훈풍까지 담아 온
사월 너인 것을

안개꽃

혼자서는
수줍어
무리 짓고

화려한
꽃보다
더 고운 심성

황홀한
짝사랑을
키우듯

서리서리
눈송이로
피어나는 꽃

버들강아지

깊은 골짜기
얼음 녹는 소리에
잠이 깼습니다

연둣빛
옷 입기 전
꽃샘바람 무서워
살그머니 솜털을 내밀었습니다

쏙쏙
두 팔 벌려
푸른 하늘 향해
발돋움해 봅니다

조롱조롱
가지마다 매듭지으며
먼저 맞는 봄을
제법 뽐내 봅니다

유월 아침 소묘

비 갠 후
유월 아침

먹구름
바쁘게 달려가고
뭉텅이 바람
한바탕 몰려온다

플라타너스
큰 눈 부릅뜬 채
요란한 표정 짓고

버드나무
입술 뾰로롱
마음만 애처롭다

길옆 은행나무
짐짓 모른 척
햇볕 한 가닥
얼굴 스친다

백련사에 가 보세요

백련사에 가 보세요

깊은 숨을 고루 쉬며 그곳에 가면
아픈 발길에 밟히는 서글픔
선홍빛 자욱이 깔린
숨 막히도록 무성한 숲이
툭 무언가 놓아 보이는 소리 들리고
적막이 발밑까지 끌리어
초당에선 차를 내리는 소리 침묵을 깨뜨려요

수없는 무명의 가슴 안으로
꽃잎이 붉은 상처를 내고
울울히 부르짖고 떨어지는
꽃송이의 무수한 궤적
숲 그림자 속에 발걸음 스르르 녹아
영원의 길 그림자 스미어들고
날 선 꽃봉오리 낙하하는 그곳

사방 길 없는 길 위에
매화 향 따라와 새의 깃을 내리는
백련사에 꼭 가 보세요

연등

허공에
연꽃이 피어났다

중생이 눈을 뜨면
세상이 밝아진다

말이 없어도 깨닫고
향이 없어도 깊이 숨 쉬는
중생을 위해

암흑의 바다에 떠오른
자비가 오래 환하다

낙화

소복 입은 꽃잎이
백마강으로 지네요

삼천 개의 꽃잎들이
줄줄이 떨어져 내리네요

지는 꽃잎 둥둥 싣고
무심하게 떠나네요

봄빛을 타고서
무심천을 건너네요

구절초

새벽 정화수에
정갈하게 마음 담고

침묵 같은 가을에
빛처럼 흘러나와

서리꽃 모양새로
마냥 흔들려보는

기다리는 일마저
행복한 일이어라

아 그댄 그 먼 곳
은하의 강 건너에
살던 별이었습니다

작품해설

| 작품해설 |

우주적 몽상의 시학과 생명성
― 정이윤 시집 《청혼》

허형만
(시인 · 목포대 명예교수)

정이윤 시인의 시를 읽노라면 가슴이 먹먹해진다. 그만큼 감동의 폭이 넓고 깊다는 뜻이다. 요즘 일부 시들이 기교적이고 현학적이다 보니 소통의 장이 이루어지지 않아 피곤해지는 것에 비추어 보면 정이윤 시인의 시들은 상상력의 너비와 생명성의 깊이가 참으로 넉넉하고 포근하게 느껴진다. 무릇 시인이란 마르셀 레몽에 의하면 인간의 옆에서 욕망을 자극하고 또 그 욕망을 다스려주는 맑은 물을 가져오는 자이다. 단, 인간의 욕망을 어떻게 자극하고, 어떻게 다스릴 것인가 하는 문제는 순전히 시인의 몫이다. 다시 말해 시인은 시라는 맑은 물을 어떻게 독자에게 공급해줄 것인가에 대한 고민을 하지 않으면 안되는데, 이 점에 있어서 정이윤 시인의 시는 충분한 성과를 보여준다.

    사막으로 별을 보러 가자
    내가 펼쳐 놓은 백지에
    우유니 사막 1번지라 쓴 그대

    햇살이 화살처럼 내 육신에 꽂히고
    그 햇살은 원시에서 원소를 실어와
    내 붉은 피로 수박도 경작할 수 있을 거야

    슬프도록 아름다운 달빛 속에서
    소금꽃에 저린 문자들을 건져내어
    외계에 착신을 걸어보자

    그때 나는 천창으로 별을 보고 파했고
    그대는 UFO를 타고 내게로 왔고
    신기루 같은 시어로 우리를 만들고

    청혼을 받은 날 바람이 들었다
    사막에 가면 그대를
    맨가슴으로도 포옹할 수 있으리라

갈증이 풀리지 않는 사랑도 있으리라

저마다 다니는 길이 있다지만
잠시 길 위에서 길을 잃었을 때
나는 오늘도 낙타를 타고
우유니 사막 1번지로 가는
그 모래 산을 넘는다
　　　―〈청혼〉 전문

일반적인 시에서 볼 수 없는 상상력의 깊이가 느껴지는 작품이다. 화자인 '나'는 우유니 사막으로 '별'을 보러 가는 시적 몽상에 젖는다. 소금 사막의 동쪽에 위치한 고도 3,600미터의 작은 마을 우유니. 볼리비아를 찾는 여행자들은 '하늘과 땅이 만나는 곳'으로 알려진 이곳 우유니 사막을 보기 위해 간다고 한다. 화자는 우유니 사막으로 가고 싶은 마음을 역발상으로 우유니 사막이 부르는, 즉 '청혼'하는 대상으로의 시적 상상력을 이끌면서 그 '청혼을 받은 날 바람이 들었다'고 고백한다. 청혼을 허락하고 마침내 '그대'(우유니 사막)에게 가면 맨가슴으로 포옹하고, 갈증이 풀리지 않는 사랑도 나누리라는 마음에 달뜬다. 그래서 화자는 '오늘도 낙타를 타고' '그 모래 산을 넘는' 몽상의 시학에서 행복하다.

그런데 여기에서 우리가 주의 깊게 바라볼 점은 화자가 여행

하고 싶은 곳이 많을 터인데도 왜 하필 우유니 사막이 화자를 불러들이는 '청혼'의 대상이냐에 있다. 물론 첫 행에서 '별을 보러 가자'고 했으니 답이 나온 것 같지만, 속내는 그게 아니다. 우유니 사막에는 별만 있는 게 아니지 않는가. 온갖 빛깔의 호수와 그 주위의 플라멩코와 사막 여우도 있으니 말이다. 정작 그 답은, 그러니까 우유니 사막이 오라고 청혼하는 것을 받고 떠나는 속내는 우선 '아름다운 달빛 속에서/소금 꽃에 저린 문자들을 건져내'기 위함이고, 또 하나는 '신기루 같은 시어로 우리를 만들'기 위함에 있다.

다시 말해 볼리비아의 우유니 사막은 곧 시인에게 있어 하나의 시의 몽상적 공간인 셈이다. 다만 이러한 시적 몽상을 역발상적으로 표현함에 있어 우주적 상상력을 발휘하고 있음이 새로운 것이며 그 징검다리가 곧 '별'이다. 그만큼 정이윤 시인에게 '별'은 시적 인식의 중요한 자리를 차지하고 있다. 〈반구대의 꿈〉에서 '강물을 바다로 흘려보내며/강심에 잠겨 흘러가지 않는 별들의 꿈을 들여다보고 있'는 반구대는 '안드로메다 사이를 지나/우주의 깊은 사막을 향한 긴 여정'으로 꿈꾸고 있음을 보여준다. 즉 반구대의 꿈이 곧 '별들의 꿈'인 것이다. 또한 바다로 떠나 죽은 오빠를 그리워하는 어머니가 심은 뜰 앞 매화에 핀 꽃잎이 '별같이 총총 피었지만/어머니 생채기보다 더 깊은 통증은/어느 별에도 없었'(〈어머니의 별〉)으니 그 별은 곧 죽은 오빠에 다름 아님을 암시해주기도 한다.

정이윤 시인에게 우주적 상상력을 돋보이게 하는 '별'의 존재는 또 있다. 구절초는 '그 먼 곳/은하의 강 건너에/살던 별'(〈구절초〉)이었고, 유년시절 어느 여름밤 '탱자나무 울타리 안/마당에 멍석을 깔면/소낙비인 양/쏟아져 내린' 것도 별들이었으며(〈그림일기〉), '강 건너 그 마을에 자작나무 무성한지/묻기엔 더 멀기만 한' 거리도 '은하의 거리'(〈안부〉)이다. 또한 '잃어버린 꿈을 찾아서/꿈을 꾸게 해주는 별'인 '소행성 B612호'를 지켜줄 사람을 찾는 구인광고(〈구인광고〉)에서도 '별'은 서로가 서로에게 무심한 대신 아무것도 없는 것 같지만 따뜻한 꿈이 소통되는 빛나는 소행성으로 자리하기도 한다. 이와 같은 '별'의 이미지들은 지상에서는 가난하고 힘없고 어려운 이웃들로 자리한다.

　　제1 증발 지인 '난치'에
　　반짝거리는 결정지 바닥을
　　찢어진 솜털 같은 구름이
　　지나가는 중이었다
　　염부의 눈가엔 몸을 말리는
　　바닷물에 새로운 힘을 보탠다

　　한여름이 되어야만
　　캘 수 있는 꽃송이

염부의 갈라진 소금 장화 틈으로

꿈이 결정체로 들어오고 있다

지열에 아롱대는 그 너머에

가족에게 안겨 줄 꽃이 피어나고 있었다

해는 벌써 한 뼘이나 솟아올라 빛을 내고 있다

낮은 곳의 물을 자아올리는 무자위질

대파의 손잡이를 고쳐잡기를 하루에도 몇 번

해주의 슬레이트가로 이어지는 레일

외발 수레를 끌며 서울에서 꿈을 캐는

자식만 생각했다

염부 자신은 바닷물로 창조를 한다고 생각했다

소금은 그에게 살아있는 자체였다

흰 배롱나무가 꽃을 피우는 때

바닷물이 햇볕에 몸을 바꿔

육각 결정체로 꽃을 피웠다

다이아몬드처럼 희고 맑게

자신의 내적 권위로 몸을 불리는 소금꽃

염부인 아버지의 대파 끝에 닿아

반짝반짝 피어나고 있었다

     -〈소금꽃 핀다〉 전문

염전에서 소금을 일구는 염부가 힘겹게 소금꽃을 피우기까지의 노동을 잘 보여주고 있는 작품이다. 염전에는 저수지, 제1증발지인 난치, 제2증발지인 누테, 결정지 그리고 소금창고 및 소금물(염수)을 간수하는 해주가 있다. '간쟁이'라고도 불리는 염부의 '눈가엔 몸을 말리는 바닷물'로부터 염전의 모습이 시작된다. 이어 '해는 벌써 한 뼘이나 솟아올라 빛을 내고 있'는 한낮에 '염부의 갈라진 소금 장화 틈'으로 상징되는 노동의 힘듦을 묘사해나가는 과정이 소금꽃 피는 과정과 함께 세밀하게 묘사된다. 지금은 모터펌프로 하는 곳도 많지만 아직도 수차로 무자위질을 하고, 대파로 소금물을 밀고, 외발 수레를 끄는 염부는 오직 '서울에서 꿈을 캐는 자식' 생각뿐이다. 그러기에 염부에게 소금은 '살아있는 자체'이다. 염부의 노동이 있었기에 마침내 '흰 배롱나무가 꽃을 피우는 때/바닷물이 햇볕에 몸을 바꿔/육각 결정체로 꽃을' 피우기에 이른다. '바닷물로 창조를 하'는 염부의 이 노력이 있어 사람들은 소금을 맛볼 수 있다는 사실을 정이윤 시인은 강조하고 싶으리라. 이처럼 삶을 치열하게 살아가고 있는 우리의 이웃은 또 있다. '해질 무렵/폐지 모은 손수레 끌며/모래언덕 올라가는 허리 굽은 낙타'(〈도시의 낙타〉)로 상징되는 폐지 줍는 노인, '땡볕 부산시장 바닥/잡다한 것들 손수레에 얹고/몸뚱이 하나 기어가'(〈지렁이의 삶〉)는 불구자, '반도건설 하청업체 일용직 근로자/오십이 코앞인 노총각 김씨'(〈모과나무에 둥지를 만들자〉),

'가로등이 게슴츠레 눈 뜨면/연분홍 웃음 뒤에 꼬리를 감추고/허리를 길게 늘여/기지개를 켜며 아홉 개나 되는/꼬리를 흔드'는(〈춘희네 집〉) 홍등가 여인, '시장 한 모서리/좌판 벌어 놓은/늙수그레한 아낙'(〈구로동 가을〉)은 물론이고 맹호부대에서 겪은 전쟁의 트라우마로 결국 뒷방 구석에서 농약병을 마시고 자살한 맹호부대 그 아재(〈맹호부대 아재〉)에 이르기까지 정이윤 시인의 가난하고 힘든 이웃에 대한 연민의 정은 참으로 우리에게 왜 시가 존재해야 하는지 새삼 깨닫게 한다. 그러면 진정 정이윤 시인에게 시란, 시인이란 어떤 존재일까?

    아무래도
    너에게 이르는 길은 이 길뿐이네

    지상으로의 아찔한 낙하
    느긋한 노란 상처에서
    세포 하나하나가 열리며 나는 향기
    먼 곳의 종 울림으로 그윽해지니
    시심의 꽃봉오리로 맺히면
    음미해 보시라
    지독한 언어가 문장이 되고
    문장은 죽음을 껴안고 시로 피어나는지

시인이여
너에게 이르는 길은 이 길뿐이네
　　―〈모과 향기의 법칙〉 전문

　시라는 향기를 모과의 향기로 대체하는 게 가능할까. 정이윤 시인에게는 가능하다. 시인이 상상하는 모과의 향기는 '지상으로의 아찔한 낙하/느긋한 노란 상처에서/세포 하나하나가 열리며 나는 향기'로 이 '향기'가 곧 '시'의 향기로 후각을 자극하기에 충분하다. 왜냐하면 '지독한 언어가 문장이 되고/문장은 죽음을 껴안고' 피어나는 것이 곧 '시'이기 때문이다. 여기에 바로 시인의 고통이 수반된다. '깊이 잠자는 내 안에//시어 하나 파종'(〈텃밭〉)하지 않고, '항상 습작일 수밖에'(〈습작〉) 없는 힘든 과정이 없다면 어떻게 '너에게 이르는 길'을 만들어 낼 수 있겠는가. 행복리 포도원의 주인인 노모가 키워낸 포도가 '어머니의 맑은 눈물과 땀'(〈행복리 포도원〉)이 없었다면 어떻게 당도 높은 포도를 수확할 수 있겠는가. 그래서 시는 존재의 집이다. '내면의 진실함이/살아 있는 존재의 집'(〈십일월〉)이다.

　번쩍이는 불빛 같은
　신호를 보내왔습니다

짧은 파장과 발신 전류를
혼합하여 자꾸만 보내옵니다

저 깊은 땅 속에 갇혀 있어
빠져나오지 못하는 생명에
침묵이 봉분만큼 쌓인 언어를
손가락 끝으로 튕겨 보내옵니다

쓰 쓰륵 쓰 쓰 똔

백매는 기웃거리며
언어를 캐고
나이 많은 가지는 몸을 틀고
생명의 부호를 수신했습니다

새로운 언어도 살고 싶다고
쑥쑥 고개를 내밀며 숨을 쉬었습니다

가는 뿌리가 끊어지지 않도록
얇은 바람 구부려 죽 주룩 찍어 내렸습니다
―〈모스 부호〉 전문

라이너 마리아 릴케의 말처럼 풍경은 확실하다. 백매 한 송이 피어나는 것도 우연은 없다. 우주의 가장 위대한 법칙의 하나이기 때문이다. 시인이란 발견의 눈을 가진 자이기에 '번쩍이는 불빛 같은 신호'를 감지한다. 그 신호는 '침묵이 봉분만큼 쌓인 언어'를 내장하고 있다. 그걸 알고 있는 백매는 '기웃거리며 언어를' 캐고, 나이 많은 가지는 '생명의 부호를 수신'한다. 여기에서 한 편의 시가 탄생하는 경이로움이 존재한다. 새로이 피어나는 꽃과 '새로운 언어'는 다르지 않다. 백매가 새로운 꽃을 피워내기 위해 받아들이는 우주의 모스 부호는 곧 시인이 새로운 시 한 편을 창조하기 위해 온 정신을 곧추세우며 듣는 우주의 신호와 같다. J.P.리샤르의 말처럼 인간이 왕래할 수 없는 풍경이란 없듯이 백매가 '쑥쑥 고개를 내밀며 숨을 쉬' 듯, 시인이 창조하는 '새로운 언어도 살고 싶다고' 자신의 존재를 알리는 것임을 시인은 잘 알고 있다. 그것은 봄을 찾아온 보슬비가 '매화나무 사이를 기웃거리'(〈봄비〉)는 것이라든가 '목련과 나 사이로 바람이'(〈어느 봄날〉) 부는 것을 느끼는 것은 물론 '사방 길 없는 길 위에/매화 향 따라와'(〈백련사에 가 보세요〉) 새가 깃을 내리는 것과도 같다. 이처럼 혼이 깃든 자연과 시인의 영혼이 만나서 얻어지는 것이 곧 '시'라는 사실을 정이윤 시인은 잘 인식하고 있음을 본다.

조선 중기의 신흠이 쓴 시 〈야언野言〉에서 '매화는 한평생 추워도 향기를 팔지 않는다'고 했듯 매향처럼 시인에게서는 시향이 은은해야 함을 잘 아는 정이윤 시인은 한편으로는 시도 읽는 재미가 있어야 함을 알고 있는 듯하다. 특히 일상 속에서

겪는 남편과의 알콩달콩한 이야기라든가 낡은 사랑에 관해서 시치미를 떼며 슬쩍 슬쩍 던지는 말투들이 그렇다.

    첫눈이 내린 날
    김치부침개 두어 장
    들고 간 경비실
    시끌시끌거린 세상 걱정인데
    마누라 잔소리 늘었다며 푸념이다
    나도 남편 때문에 못 살겠다
    같이 푸념하다 돌아와
    아파트 정원 내다보는데
    흰 눈 속을 달구는 바알간 열매
    눈의 무게로 가지 휘어져
    경비실 아저씨 작은 키로
    한결 수월히 따고 있다
    눈 맞으면 좋다는
    남자에게 딱 좋다는 저것
    아차 한 발 늦었네
    김치부침개 하지 말고
    내가 먼저 딸 걸
            —〈같은 마음〉 전문

이 능청스러움 좀 보라. 첫눈이 내리는 날이면 으레 낭만적으로 생각할 것 같지만 시인은 평소의 삶 그대로 경비 아저씨와 부침개를 매개로 대화를 하는데 경비 아저씨는 '마누라 잔소리 늘었다며 푸념'이고, 시인은 '남편 때문에 못 살겠다' 같이 푸념한다. 이 '같은 마음'은 곧 이어 '흰 눈 속을 달구는 바알간 열매', 즉 산수유로 하여 각자의 속내를 드러내고 만다. '눈 맞으면 좋다는/남자에게 딱 좋다는' 산수유를 마누라 잔소리 푸념하던 경비 아저씨가 '작은 키로' 따고 있는 것을 내다 본 시인이 남편을 위해 진즉 자기가 먼저 따지 못한 것을 후회하는 마음은 푸념보다는 오히려 사랑스럽기까지 하지 않는가.

한편, 〈첫사랑〉에서는 사과를 먹으려고 쓱쓱 닦다가 문득 첫사랑 사내가 생각 나 한 입 깨물고 첫 키스 같은 맛을 음미하는데, 곁에서 남편이 '맛이 어떠냐고' 묻는다. 그 순간 무언가 잘못한 것을 들킨 사람처럼 '가슴이 덜컹 내려앉는다'는 표현은 시인의 재치이면서 독자로 하여금 시적 매력에 빠져 들게 하는 웃음을 선사한다. 〈권태기〉에서도 소주병이 비워가듯 '남편은 자주 집을 비우고', 그 허전함으로 '우리 부부는 저물어가고 있는 중'이라는 이 익살스러움도 남편으로 인하여 부부 간의 문제가 심각한 게 아니라 오히려 함께 늙어가면서 서로의 외로움을 바라볼 나이, 즉 권태기에 와 있음을 말하고 있다.

고장난 에어컨의 '불량한 틀을 완전히 분해해서/먼지 쌓인 과거를 털어낸 후에'(〈고장난 에어컨〉) 다시 살아나는 '낡은 사랑'이 있는가 하면, 비가 오락가락하는 오후, 천둥 벼락 치며 한동안 떠나지 않을 것 같은 '낡은 사랑'(〈일기예보〉)도 있다. 이와 같은 낡은 사랑 이미지는 삶의 한 부분인 푸념이나 권태기와도 하등 다르지 않다.

  그렇다. 삶이란 별 게 아니다. '흐리고 바람 부는 날/상처 하나쯤 간직한 사람'(〈강가에 서서〉)이 '갯바람 맞으며/날이 갈수록 야위어 가'(〈과메기〉)기도 하는 것, 〈섬에 갇히다〉에서 보여주듯 폭풍우로 섬에 갇혀 고립된 '나'와 '어부'처럼 우리 일상이 고립이기도 하는 것, 그러나 〈폭탄 세일〉처럼 재래시장 귀퉁이에서 폭탄 세일이 있는 날 궁색하기 이를 데 없는 삶을 살아가고 있는 사람들이 '모처럼 꽃무늬 옷 한 벌의 행운'을 맛보는 걸 보고, '이렇게라도 가끔/즐거운 폭탄이 팡팡' 터지길 바라며 사는 것이 삶이다. 정이윤 시인은 이처럼 삶이란 의미를 두루 성찰하며 우주적 존재로 살고 온몸으로 체득된 생명시를 쓰고 있는 것이다.

인지
붙이는 곳

계간문예시인선 151

정이윤 시집 _ 청혼

초판 인쇄 2019년 12월 10일
초판 발행 2019년 12월 15일

지 은 이 정이윤
회　　장 서정환
발 행 인 정종명
편집주간 차윤옥

펴낸곳 도서출판 **계간문예**
편집부 03132 서울 종로구 삼일대로 30길 21 종로오피스텔 1209호
주소   03132 서울 종로구 삼일대로 32길 36 운현신화타워 305호
전화   02-3675-5633, 070-8806-4052 팩스 02-766-4052
인쇄   54991 전북 전주시 완산구 공북1길 16, 신아출판사
이메일 munin5633@naver.com
등록   2005년 3월 9일 제300-2005-34호
ISBN 978-89-6554-209-4 04810
ISBN 978-89-6554-118-9 (세트)

값 10,000원

잘못 만들어진 책은 바꾸어 드립니다.

이 도서의 국립중앙도서관 출판예정도서목록(CIP)은 서지정보유통지원시스템 홈페이지(http://seoji.nl.go.kr)와 국가자료공동목록시스템(http://www.nl.go.kr/kolisnet)에서 이용하실 수 있습니다. (CIP제어번호: CIP2019047741)